फ्रेडरिक ड्यूरेनमेट

फ्रेडरिक ड्यूरेनमेट का जन्म 5 जनवरी, 1921 को बर्न, स्विट्ज़रलैंड में हुआ। उन्होंने 1941 में ज्यूरिख विश्वविद्यालय में दर्शन, जर्मन भाषा और जर्मन साहित्य में अध्ययन शुरू किया, लेकिन एक सेमेस्टर के बाद बर्न विश्वविद्यालय चले गए, जहाँ प्राकृतिक विज्ञान का भी अध्ययन किया। 1943 में उन्होंने एक लेखक और नाटककार बनने का फ़ैसला किया और अपने अकादमिक कैरियर को छोड़ दिया। उनकी प्रमुख कृतियाँ हैं—*इट इज़ राइट, रोमुलस द ग्रेट,* द *विजिट,* द *फिजिसिस्ट, इन्सीडेंट एट ट्वाइलाइट,* द *मिशन ऑफ़* द *वेगा* (नाटक); *द जज एंड हिज हैंगमैन, वन्स अ ग्रीक, अ डेंजरस गेम,* द *असाइनमेंट* (उपन्यास); *द टनल,* द *कूप* (कहानी); *थियेटर प्रोब्लम्स* (निबन्ध) आदि।

फ्रेडरिक ड्यूरेनमेट की कई कृतियों पर कई फ़िल्में बनीं जो काफ़ी चर्चित रही हैं। वे एक मशहूर चित्रकार भी थे। इस क्षेत्र में भी उन्होंने अपना उल्लेखनीय योगदान दिया।

14 दिसम्बर, 1990 को स्विट्ज़रलैंड में निधन।

पीयूष मिश्रा

परिचय मुमकिन नहीं, न ही उन्हें पसन्द है। दोस्तों में 'पीयूष भाई' छात्रों में 'सर'। 1983 से 2003 तक दिल्ली में थियेटर किया। आजकल मुम्बई सिनेमा नगरी में व्यस्त हैं, इस उम्मीद के साथ कि बदलाव वहाँ भी होगा।

लेखक की अन्य किताबें

जब शहर हमारा सोता है (नाटक)
वो अब भी पुकारता है (नाटक)
गगन दमामा बाज्यो (नाटक)
कुछ इश्क़ किया कुछ काम किया (शायरी और कविता-संग्रह)
तुम मेरी जान हो रज़िया बी (कविता-संग्रह)
मेरे मंच की सरगम (थियेटर के गीत)
आरम्भ है प्रचण्ड (गीत)
तुम्हारी औक़ात क्या है पीयूष मिश्रा (आत्मकथात्मक उपन्यास)

सन् 2025

फ्रेडरिक ड्यूरेनमेट के नाटक
Incident at Twilight का रूपांतरण

रूपांतरकार

पीयूष मिश्रा

राजकमल पेपरबैक्स

राजकमल पेपरबैक्स में
पहला संस्करण : 2020
दूसरा संस्करण : 2024

राजकमल पेपरबैक्स : उत्कृष्ट साहित्य के जनसुलभ संस्करण

राजकमल प्रकाशन प्रा. लि.
1-बी, नेताजी सुभाष मार्ग, दरियागंज
नई दिल्ली-110 002
द्वारा प्रकाशित

शाखाएँ : अशोक राजपथ, साइंस कॉलेज के सामने, पटना-800 006
पहली मंजिल, दरबारी बिल्डिंग, महात्मा गांधी मार्ग, प्रयागराज-211 001
1, अनमोल सोराबजी संतुक लेन, धोबी तालाव, मरीन लाइंस, मुम्बई-400 002

वेबसाइट : www.rajkamalprakashan.com
ई-मेल : info@rajkamalprakashan.com

विकास कंप्यूटर एंड प्रिंटर्स
ट्रॉनिका सिटी-201 102
द्वारा मुद्रित

मूल्य : ₹199

SAN 2025
Based on Friedrich Dürrenmatt's Play *Incident at Twilight*
Play adaptation by Piyush Mishra

ISBN : 978-93-89577-49-5

भूमिका

मैं राष्ट्रीय नाट्य विद्यालय के प्रथम वर्ष (1983-84) में था। एक दिन लाइब्रेरी में बैठा हुआ था कि एक किताब हाथ लगी। 'पोस्ट वॉर जर्मन प्लेज़!' उन्हीं में से एक नाटक था—फ्रेडरिक ड्यूरेनमेट का 'इन्सीडेंट एट ट्वाईलाइट!'

पढ़ा...पसन्द आया और उसी वक़्त उसका अनुवाद भी कर दिया। वो मेरे जीवन का पहला अनुवाद था। चन्द लोगों को पढ़ाया। फिर उसको रख दिया। फिर उसको भूल गया।

फिर 2012 तक भूले रखा। उस साल एन.एस.डी. की मेरी जूनियर नलिनी का फ़ोन आया कि क्या मेरे पास उसका अनुवाद है? वो करना चाहती है। तब तक अनुवाद ग़ायब हो चुका था। उस मूल नाटक को फिर पढ़ा। फिर अनुवाद करने ही वाला था कि निर्भया कांड हो गया। उससे मुझे ये इशारा मिला कि इसका अनुवाद नहीं...रूपांतरण करना चाहिए।

—पीयूष मिश्रा

इस नाटक की पहली ख़ासियत ये है कि ये सिर्फ़ पचास मिनट का नाटक है। दूसरी ख़ासियत ये है कि इसे सिर्फ़ दो एक्टर मिल के कर सकते हैं। तीसरी ख़ासियत ये है कि कहीं भी कर सकते हैं। किसी के ड्राइंगरूम में...टैरेस पर या प्रेक्षागृह में भी। और चौथी ख़ासियत ये है कि ये सेट के साथ भी हो सकता है और बिना सेट के भी। मैं इसको बिना सेट के करना चाहूँगा। उससे एक्टर्स की कल्पनाशीलता पर बड़ी जिम्मेदारी रहेगी। बाक़ी आज का साहित्य वो ही है जो बिकता है। या जो बिकता है वो ही आज का साहित्य है। और जो बिक रहा है वो है ख़ूँख़्वार...वीभत्स... हैवानियत और खतरनाक कथा-वस्तु। यही इस नाटक का मूल कथ्य है। बाक़ी नाटक पढ़ने से नहीं...करने से समझ में आते हैं।

इसको पढ़िए भी और इसको करिए भी। मज़ा आएगा। इस नाटक के मंचन के लिए रॉयल्टी की बाध्यता नहीं है, लेकिन इसे मंचित करने से पहले हमसे इजाजत लेना जरूरी है, धन्यवाद।

—पीयूष मिश्रा

लेखक
(मंच पर)

मैं इस पल...इस लम्हे...इस वक़्त...अपना बे-इंतिहाई फ़र्ज़ समझता हूँ कि आपको इस अजीब-ओ-ग़रीब... ख़तरनाक...ख़ूबसूरत...लेकिन फिर भी सच्ची कहानी की मंचसज्जा यानी सेटिंग के बारे में तफ़सील से बतला दूँ। हक़ीक़त में सच्ची कहानियाँ सुनाने में ख़तरा होता है ख़ासा...। कौन जानता है...कब...कोई पुलिस का आदमी या कोई क़ानून का जानकार दर्शक दीर्घा में बैठा हो...। भले ही वो अपनी ऑफ़ीशियल कैपेसिटी में नहीं हो लेकिन फिर भी...। बहरहाल मैं अपने आपको ये ख़तरा उठाने का मौक़ा आसानी से दे सकता हूँ...क्योंकि मुझे यक़ीन है कि वो मेरी इस कहानी पे भरोसा करेंगे नहीं...। अपनी ऑफ़ीशियल कैपेसिटी में तो...हरगिज़ नहीं। बाक़ी अनऑफ़ीशियली...सब लोग...जिनमें डिस्ट्रिक्ट आटार्नी...या जज...या कमिश्नर या पुलिस के बड़े से बड़े अधिकारी भी...जो इस वक़्त यहाँ हैं या नहीं भी हैं...इस बात को अच्छी तरह से जानते हैं कि मैं सिर्फ़ और सिर्फ़ सच्ची कहानियाँ ही सुनाता हूँ। तो इस वक़्त मैं आपकी ज़रा सी तवज्जोह चाहूँगा। कृपया अपने आपको मुंबई के बान्द्रा नाम के इलाक़े में मौजूद ताज लैंड्स इन के प्रेजिडेंशियल सूट के ड्राइंगरूम में महसूस करने की कोशिश कीजिए...।

बहुत ही ख़ूबसूरत इलाक़े का बहुत ही ख़ूबसूरत पाँच सितारा होटल। एक तरफ़ समन्दर की थरथराती लहरें...तो दूसरी तरफ़ आसमान को छू रही लम्बी ऊँची अट्टालिकाएँ। यहाँ का किराया...एक आम आदमी की सोच से बाहर है। ख़ूबसूरत...बेशक़ीमती...मॉडर्न फर्नीशिंग...जैसे यहाँ एक रात बिताना भी एक ख़्वाब हो सकता है...। मैं कुछ समझा पाया...? अब मेरे बाईं तरफ़ को ही लें। यहाँ आप देखेंगे पच्चीसियों महँगी टेबल्स को...जिन्हें बेतरतीबी से एक कोने में धकेल दिया गया है। तो ये है एक महान लेखक की महान स्टडी। ठीक...? तो थोड़ा नज़दीक आइए...? देख के निराशा हुई ना...? लेकिन मेरा यक़ीन कीजिए बिल्कुल शुरुआती दौर के छोटे-मोटे लेखकों की स्टडीज़ भी बिलकुल ऐसी ही दिखती है। अनाप-शनाप काग़ज़ों के जत्थे...एक टाइपराइटर...हज़ारों पांडुलिपियाँ जिन पर अलग-अलग रंगों के पैन से करेक्शंस किए हुए हैं...पेंसिल...बॉलपाइंट पैन...इरेजर्स...एक क़ैंची...एक...(रुकता है) अ...एक ख़ंजर। ओह! ये अभी तक यहीं रखा है। ये ग़लती से यहाँ रह गया। आप लोग पूछेंगे टाइपराइटर क्यों! अब तो कम्प्यूटर का ज़माना आ चुका है। तो उस मामले में मैं जरा प्रीमिटिव यानी कि पुराना लेखक हूँ। अभी तक टाइपराइटर पर ही लिखना पसन्द करता हूँ। इसे आप मेरा वहम मान सकते हैं। (अपना गला साफ़ करता है) तो इस सारे झाड़-झंखाड़ के पीछे एक छोटा-सा बार है...जिसमें ब्रांडी...व्हिस्की...स्कॉच...वोदका...रेड-वाइन और पचासों शराब की बोतलें सजी हुई हैं। ये हमें कहीं से भी उस लेखक की जीनियस के बारे में कुछ नहीं बतलाता जिसकी बात हम यहाँ करने जा रहे हैं। न ही उसकी ख़ासियत या ख़ूबियों के बारे में, लेकिन फिर साथ में उसकी ख़ामियों

के बारे में भी कुछ नहीं। लेकिन मैं आपको यक़ीन दिलाना चाहता हूँ दोस्तो कि इस कमरे के दाईं तरफ़ आपको ऐसा कुछ नहीं मिलेगा। यहाँ हर चीज़ तरतीब से सजी हुई है...। हर चीज़...यानी कि...अ...(एक लड़की की ब्रा को उठाता है।) उफ़...ये फिर यहाँ रह गई। उम्र के साथ ग़लतियाँ भी बढ़ती जा रही हैं। तो मैं इसे उठाता हूँ और सावधानी से इस डस्टबिन में डाल देता हूँ। और साथ में इस .22 के रिवॉल्वर को भी उठाकर इस डस्टबोर्ड के हवाले कर देता हूँ। अब यहाँ ये ख़ूबसूरत बड़े-बड़े... आरामदायक सोफ़े लगे हुए हैं...किताबें हर तरफ़ सजी हुई हैं...। दीवारों पे फोटोग्राफ...और बेशक़ीमती पेंटिंग्स...जिनको बनानेवालों को पहचानने की ज़िम्मेदारी मैं आप पर ही छोड़ता हूँ। लेकिन सबसे ख़ूबसूरत है...इन सारी चीज़ों का बैकग्राउंड के यानी कि ये पीछे बड़ी-सी बॉल्कनी...और इसके बाहर दिखता...ये बेहद ख़ूबसूरत मंज़र...उतना ही बेहतरीन...जितना कि इस कमरे का किराया। वो नीचे सूरज की ढलती हुई रोशनी में नहाया हुआ ये स्विमिंग पूल। वो दूर तक फैला हुआ समन्दर जिसमें अभी कुछ देर पहले तक रंग-बिरंगी नौकाएँ तैर रही थीं और जो अब शाम की रोशनी में शान्त पड़ चुका है। उफनती हुई लहरों के टकराने की आवाज़ें...। अरे वाह...। उस टेनिस कोर्ट पर अभी भी शायद थोड़ी-सी ज़िन्दगी थिरक रही है। पिंग-पोंग प्लेयर्स के रैकेट्स की धीमी-धीमी टिक-टॉक टेनिस कोर्ट से कह रही है कि मैं अभी तक ज़िन्दा हूँ। सुन सकते हैं आप... ? चलिए...। तो फिर वापस लौटते हैं इसी कमरे में और ज़रा ग़ौर करते हैं अपने प्ले के दो लीडिंग करेक्टर्स पे। शुरुआत करते हैं मुझसे...। मैं...इस कहानी का सबसे मुख्य और महँगा पात्र। बड़बोलेपन के लिए

मुआफ़ी चाहता हूँ...पर हक़ीक़त यही है। साथ में...मैं एकदम से आपके सामने प्रकट हो के आपको चौंका नहीं रहा। मैं धीमे से मंच पर ऐंटर करूँगा...इस रूम के राइट से। मैं अपने बेडरूम से आ रहा हूँगा...जहाँ मैं एक लड़की...ओह...छोड़ते हैं। सबको मालूम है कि बेडरूम में आदमी लड़के के साथ तो हो नहीं सकता। वैसे आजकल किसी के बारे में कुछ कहा भी नहीं जा सकता। तो मैं भी वही सब करके आ रहा हूँ...जो बेडरूम में हर व्यक्ति करके आता है। वो सब आपको कल के न्यूज पेपर में मिल जाएगा...या आज शाम की इवनिंग न्यूज या टेबलॉयड में। अब मेरे बारे में आख़िर ऐसा क्या है जो आप टेलीविजन पे नहीं देख पाते। मेरी ज़िन्दगी भरी पड़ी है स्कैंडल्स से...। एक के बाद एक...अनोखे..खारे...मीठे... नमकीन और चटपटे स्कैंडल्स...जिनको आप अपने घर के कोने में चटख़ारे ले लेके पढ़ना पसन्द करते हैं। इसे छुपाने की ज़रूरत नहीं। तो मुझे बस अपना नाम बतलाने की ज़रूरत है और आपको सब अपने आप मालूम पड़ जाएगा। ब्रह्मात्मे...। एक बार दोबारा सुनिए। नाम है धीरज अधिकारी ब्रह्मात्मे। धीरज मेरा नाम...ब्रह्मात्मे तख़ल्लुस...और अधिकारी...कुछ नहीं। वो लोगों को अच्छा लगता है तो मैं वैसा ही लिख देता हूँ। मैं...क्राइम नॉवेलिस्ट...यानी कि अपराध उपन्यासकार...पुलित्ज़र अवॉर्ड विनर...पद्म विभूषण से सुसज्जित...वगैरह-वगैरह-वगैरह। लम्बा-चौड़ा...तपा हुआ चेहरा...बढ़ी हुई दाढ़ी...। और ऊपर से चमकता हुआ बिना बालों का गंजा सर। जहाँ तक मेरे व्यक्तिगत चरित्र का सवाल है...तो मैं हूँ...जिद्दी...और ख़तरनाक हद तक ज़िद्दी। हर वो चीज़ हासिल कर लेता हूँ जो चाहता हूँ...। और ज़बरदस्त पियक्कड़। भयंकर शराबी। मैं बेतरह पीता

हूँ। आप देख रहे हैं कि मैं आपके प्रति पूरी तरह से ईमानदार हूँ...और ये ठीक उसके उल्टा है जैसा कि आप लोग मुझे समझते हैं। अब जैसा कि आप लोग मुझे समझते हैं...वो मेरा आप पर जेनरल इम्प्रेशन है...और जो मैं आपको बतला रहा हूँ...वो हूँ मैं...। वाक़ई...दरअसल... हक़ीक़त में...। मेरे दोस्तो। आप लोग मुझे जानते हैं... न्यूजपेपर्स और टेलीविजन के ज़रिए। मुझे पुलित्ज़र अवार्ड देते हुए अमेरिका की उन मोहतरमा की नज़रें बड़ी पारखी थीं। वो मुझे मेरी असली औक़ात में पहचान गई थीं...हालाँकि उस वक़्त मैं ख़ासा फॉर्मली ड्रेस्ड था। ख़ासा स्मार्ट और कल्चर्ड लग रहा था। मैंने किसी तरह से उनके इवनिंग गाउन पर व्हिस्की का गिलास गिरा पाने में कामयाबी हासिल कर ली थी...और पार्टी के बाद में वाश-रूम में उसको साफ़ करते हुए उन्होंने बड़ी नशीली और उन्मादी निगाहों से मेरी तरफ़ देखा था। मगर मैं यही बोल सकता हूँ कि खुद को कोई कितना जान सकता है। अपने आपको धोखा देने से फ़ायदा नहीं। मैं भी अपने आपको सिर्फ़ ऊपरी-ऊपरी तौर पर जानता हूँ...। आधा-अधूरा। और वैसे भी अपने आपको जानने का मौक़ा कहाँ और कितना मिलता है ज़िन्दगी में किसी को! मेरे केस में...मुझे एक बार मिला था, जब मैं मनाली में आइस-स्केटिंग करता हुआ बिलकुल खाई के किनारे पे रपट पड़ा था। नीचे झाँककर देखा था और दम निकल गया था। या जब मेरे सर पे बोतल तोड़ के मारी थी कलकत्ता की उस नशीली ख़ूबसूरत मादक मिस इंडिया ने...मतलब वो नहीं जो अभी मेरे बेडरूम में है...। वो कोई और थी। अपने ख़यालों को ज़रा ऊँची उड़ान लेने दीजिए। सब समझ में आ जाएगा। उसके लिए मेरी शुभकामनाएँ। अब कुछ एक लाफ़्ज़ मेरे

कपड़ों के बारे में। लेकिन उससे पहले आज का समय। हिन्दुस्तान में इस वक़्त सन् 2025 चल रहा है। आप कहेंगे कि ये तो सारे जहान में चल रहा है। लेकिन मैं कहूँगा कि हिन्दुस्तान में बहुत ज़ोर से चल रहा है। यहाँ ये वक़्त...वक़्त से पहले आ गया। क्योंकि कहा है ना...'सारे जहाँ से अच्छा...'। तो अब कुछ लफ़्ज़ मेरे कपड़ों के बारे में। मैं ऑडियेंश में बैठी हुई महिलाओं से मुआफ़ी चाहूँगा। मैं नीचे पहने हुए हूँ...सिर्फ़ एक पायजामा...। और ऊपर है मेरे एक ओपन ड्रेसिंग गाउन...जो मेरे सीने के सफ़ेद बालों को मुश्किल से ढँक पा रहा है। अब जितना दिखना है उतना तो दिखेगा ही...। उसका कुछ नहीं किया जा सकता। मेरे हाथ में है एक... ख़ाली गिलास। मैं अपने बार की तरफ़ बढ़ता हूँ लेकिन अचानक रुक जाता हूँ जब मैं देखता हूँ कि एक व्यक्ति बिना मुझसे पूछे मेरी स्टडी में घुस चुका है। उस बन्दे को भी जल्द ही बयान किया जाएगा। दुबला, पतला, क्लर्क जैसा दिखनेवाला...बहुत ज़्यादा मिडल क्लास...एक छोटा-सा ब्रीफकेस हाथ में है। कुछ-कुछ ट्रैवेलिंग इंश्योरेंस मैन जैसा लगता है। उसका ज़्यादा वर्णन करने की ज़रूरत मैं नहीं समझता क्योंकि एक बार कहानी ख़त्म हो जाने के बाद उसे बहुत ही आराम और सहूलियत के साथ सीन के नक़्शे से हटा दिया जाएगा। और उसमें आप में से किसी का भी इंटेरेस्ट नहीं बचेगा। लेकिन इतना काफ़ी है...अभी के लिए। और वो आदमी बोलना शुरू करता है...और मैं जवाब देता हूँ...। तो ये कहानी यहाँ से शुरू होती है...

बंदा (सूफ़ी)

(नर्वस-सा कुछ)

मैं बड़ा सम्मानित महसूस कर रहा हूँ दुनिया जहान के प्रसिद्ध राइटर धीरज ब्रह्मात्मे के सामने खड़ा होकर...

ब्रह्मात्मे

(कड़ाई से)

कौन हो तुम...और अन्दर कैसे चले आए... ?

बंदा (सूफ़ी)

आपके सेक्रेटरी ने मुझे आने दिया...। मैं घंटों क्या...दिनों से इसकी प्रतीक्षा कर रहा था...

ब्रह्मात्मे

(उसे ध्यान से देखता रहता है। फिर...)

कौन हो तुम?

बंदा (सूफ़ी)

मेरा नाम सूफ़ी है। गड़गड़ सूफ़ी...

ब्रह्मात्मे

(ध्यान से उसे देखता है)

बड़ा अजीब नाम है। एक मिनट...। ये नाम कुछ पहचाना-सा लगता है *(याद करता है)* तुम वही हो...जिसने लगातार मुझे अपने ख़तों से परेशान कर रखा है... ?

सूफ़ी

जी बिलकुल सही। जब से मैंने होश सँभाला है...मैंने और कोई दूसरा काम नहीं किया। इसके अलावा मैं आपके दरवाज़े के डूरमैन से लगातार सम्पर्क में हूँ। हालाँकि उससे मुझे कुछ फ़ायदा नहीं पहुँचा। आख़िर में मैं आपके सेक्रेटरी से मिलने में कामयाब हो गया। बहुत ही सलीक़े का बन्दा है...

ब्रह्मात्मे

हाजी है। हज करके आया है।

सूफ़ी

ये मेरी उससे लगातार विनती का ही परिणाम था। ये मुलाक़ात हम दोनों की ज़िन्दगी में एक ज़बरदस्त बदलाव ला सकती है आदरणीय...

ब्रह्मात्मे

ब्रह्मात्मे है मेरा नाम...

सूफ़ी

(सर हिलाता हुआ)

आदरणीय ब्रह्मात्मे साहब...

ब्रह्मात्मे

क्योंकि तुम बार के नज़दीक हो...तुम मुझे वो व्हिस्की की बोटल दे सकते हो...। वो तुम्हारे लेफ्ट वाली...?

सूफ़ी

खुशी से...

ब्रह्मात्मे

थैंक यू...*(अपने लिए डालता है)* तुम लोगे?

सूफ़ी

जी धन्यवाद...! हरगिज़ नहीं...

ब्रह्मात्मे

व्हिस्की? सिंगल माल्ट है? या कुछ और...?

सूफ़ी

बस शुक्रिया...

ब्रह्मात्मे

क्या बिलकुल नहीं पीते?

सूफ़ी

नहीं। बस सावधानी बरत रहा हूँ। आख़िरकार मैं अपने समय के एक महान जीनियस के सामने खड़ा हुआ हूँ। मुझे बिलकुल ऐसा लग रहा है जैसे विशालकाय शंकर के सामने मासूम-सा नन्दी खड़ा हो...

ब्रह्मात्मे

हिन्दू हो?

सूफ़ी

था। फिर मुसलमान हुआ...। फिर दोबारा हिन्दू हो गया। आजकल बौद्ध हूँ।

ब्रह्मात्मे

बड़े अजीब आदमी हो।

सूफ़ी

जी बड़े तो आप हैं। वैसे अजीब आदमी भी होते हैं। बाक़ी बता दूँ कि वेदों से लेके इस्लाम तक सब पढ़ा है।

ब्रह्मात्मे

मुझे एक ड्रिंक और दोगे?

सूफ़ी

बड़ी जल्दी ख़त्म कर ली...?

ब्रह्मात्मे

मैंने एडवाइज माँगी?

सूफ़ी

आपको ख़ुद ले लेनी चाहिए...

ब्रह्मात्मे

(उसे ध्यान से देखता है)

वो तो लूँगा ही। *(ड्रिंक डालता है)* आगे बोलो...

सूफ़ी

मैं इटावा का रहनेवाला हूँ ब्रह्मात्मे साहब। मैं ज़रा इस कमरे का क़रीबी से जायज़ा ले सकता हूँ जिसमें एक पेंटर अपनी पेंटिंग के जलवे बिखेरता है...?

ब्रह्मात्मे

राइटर...

सूफ़ी

आपके सन्दर्भ में एक ही बात है। उफ़...हर तरफ़ किताबें और पांडुलिपियाँ...। ये इस दीवार पर लगे फोटोग्राफ पर अगर आप नज़र डालें तो...विक्रम सेठ। उनके खुद के सिग्नेचर हैं। मेरे दोस्त ब्रह्मात्मे के लिए...। क्या बात है।

सलमान रशदी...। ब्रह्मात्मे को...। मेरा दूसरी दुनिया का साथी...। वाह-वाह। आज भी प्यार और क़त्ल में लोग हमेशा वफ़ादार रहते हैं। और अब ज़रा ये नज़ारा देखें...? क्या ज़बरदस्त है। ख़ूबसूरत समन्दर के पीछे जगमगाते फ्लाई ओवर्स हैं और उनके ऊपर लगातार रूप बदलते शाम के बादलों के टुकड़े। और वो सूरज धीमे-धीमे नीचे जाता हुआ। लाल सुर्ख़...तपा हुआ...। ग़ज़ब है...

ब्रह्मात्मे

(उसे ध्यान से देखता है)

तुम भी राइटर हो?

सूफ़ी

मैं...रीडर हूँ। पढ़ता हूँ। आपका सारा काम मुँह जुबानी याद है...

ब्रह्मात्मे

टीचर!?

सूफ़ी

अकाउंटेंट मामूली-सा। वो भी रिटायर्ड ...इटावा में सम्पत और साधक कम्पनी के लिए काम करता था...

ब्रह्मात्मे

बैठो...

सूफ़ी

थैंक यू वेरी मच। मैं ज़रा इन अल्ट्रा मॉडर्न चेयर्स से घबराता हूँ। बहुत ही ख़ूबसूरत कमरा है...

ब्रह्मात्मे

किराया भी उतना ही ख़ूबसूरत है...

सूफ़ी

मैं समझ सकता हूँ। बहुत ही महँगा होगा...। मेरे जैसे व्यक्ति के लिए तो सपना है...क्योंकि मैं इस वक़्त मुम्बई के धारावी नाम की एक चाल की एक खोली से आ रहा हूँ। *(साँस लेता है)* वैसे चेन्नई में इससे भी सस्ता था...

ब्रह्मात्मे

तुम चेन्नई में थे... ?

सूफ़ी

(सर हिलाता है)

बिलकुल था! क्यों?

ब्रह्मात्मे

मैं भी चेन्नई रह चुका हूँ....

सूफ़ी

आप ग्रैंड होटल पार्क में थे। मैं वेल्लुपुरम के एक बहुत ही घटिया से गेस्ट हाउस में...। हमारे रास्ते कई बार टकराए हैं...। दिल्ली के मौर्या शेरेटन से लेके बनारस के रमदा पैलेस तक...

ब्रह्मात्मे

तुम बनारस में भी थे?

सूफ़ी

मैं था...

ब्रह्मात्मे

उसी वक़्त जब मैं वहाँ था?

सूफ़ी

घाट की तंग गलियों के एक छोटे-से रेस्ट हाउस 'कार्तिक' में...

ब्रह्मात्मे

(कसमसाता है)

मेरे पास वक़्त बहुत कम है। मुझे बहुत काम करना है मिस्टर...

सूफ़ी

गड़गड़ सूफ़ी...

ब्रह्मात्मे

जो भी है। मुझे अपनी ज़िन्दगी में हज़ारों-करोड़ों लोगों से मिलना होता है और मैं तुम्हें सिर्फ़ बीस मिनट दे सकता हूँ। जल्दी से कहो जो कहना है और वो भी कम शब्दों में...

सूफ़ी

मैं आपके पास बहुत ही निश्चित उद्देश्य से आया हूँ...। मैं बहुत ग़रीब हूँ...

ब्रह्मात्मे

(खड़ा होता है)

...और तुम्हें पैसे चाहिए...और वो मेरे पास नहीं हैं। और ध्यान से सुनो सूफ़ी। ऐसे सैकड़ों लोग होते हैं जो कि रंगरूट क़िस्म के राइटर्स होते हैं और जिन्हें ज़िन्दगी में अभी सभी कुछ साबित करना होता है। वो तुम जैसे लोगों की बातों में आसानी से आ जाते हैं। लेकिन मेरा नाम धीरज ब्रह्मात्मे है। मैं चाहूँगा कि मुझे सुख चैन से रहने दिया जाए। बाक़ी पुलित्ज़र अवॉर्ड से मिलने वाले पैसों की हिन्दुस्तान में हमेशा से ग़लतफ़हमी रही है। वो उतने

नहीं होते जितना हम यहाँ सोचते हैं। और अब...मैं चाहूँगा कि मुझे काम करने दिया जाए। लीव माय प्लेस...

सूफ़ी

आदरणीय...

ब्रह्मात्मे

ब्रह्मात्मे है मेरा नाम...

सूफ़ी

आदरणीय ब्रह्मात्मे साहब...

ब्रह्मात्मे

बाहर जाओ...

सूफ़ी

(जल्दी से)

आपने मुझे ग़लत समझा। मैं आपके पास इसलिए नहीं आया कि मुझे पैसे चाहिए...। बल्कि...*(रुकता है)* इसलिए आया हूँ कि अपने रिटायरमेंट के बाद जिस प्रोफेशन का मैंने दामन पकड़ा...उसका नाम था... प्राइवेट

डिटेक्टिव एजेंसी...मैं लोगों से पैसे लेके उनके लिए खुफ़िया जानकारी हासिल करता हूँ...

ब्रह्मात्मे

खुफ़िया ? जैसे ?

सूफ़ी

वही बतला रहा हूँ। आप सुनिए तो...

ब्रह्मात्मे

(उसे ध्यान से देखता हुआ)

तुम अजीबोग़रीब तरीक़े से इंटेरेस्टिंग होते जा रहे हो। बैठो...*(बैठता है)* आजकल किसके लिए काम करते हो ? पुलिस ?

सूफ़ी

नहीं आदरणीय...

ब्रह्मात्मे

ब्रह्मात्मे है मेरा नाम...

सूफ़ी

आदरणीय ब्रह्मात्मे साहब। मैं एक प्राइवेट डिटेक्टिव हूँ। जब मैं अकाउंटेंट था...तब भी मैंने कई खुलासे किए

थे। मैं कई कम्पनियों के लिए ऑनरेरी ऑडिटर रह चुका हूँ। मैंने एक बार लॉ-मिनिस्टर तक को जेल भिजवाने में क़ामयाबी हासिल कर ली थी, क्योंकि उन्होंने अपने सैकड़ों अपंगों को दिए जाने वाले पैसों में ज़बरदस्त घोटाला किया था। फिर जब मैं रिटायर हुआ और मैंने अपनी जेब टटोली तो पाया कि हासिलात के नाम पर मेरे पास ये कुछ चन्द एक पैसे ही बचे थे। बच्चा मेरे कोई था नहीं...और बीवी को कैंसर हो चुका था...। उसकी मौत के बाद मैं क़रीब-क़रीब पागल हो चुका था कि आपकी किताबें मेरे हाथ पड़ीं। और उनको पढ़ने के साथ ही मैंने तुरन्त पब्लिक लाइफ छोड़ देने का फ़ैसला ले लिया और अपने आपको अपनी फुल टाइम इसी हॉबी के हवाले कर दिया।

ब्रह्मात्मे

मेरी किताबें... ?

सूफ़ी

आपकी किताबें। आपकी अद्‌भुत किताबें। आपकी अनोखी किताबें। आपकी कमाल किताबें। उन्होंने मेरी कल्पना शक्ति को झकझोर कर रख दिया। मैं उन्हें पढ़ता गया...लगातार...। और गद्‌गद् होता गया जुर्म को ख़ूबसूरत बनाने के आपके अनोखे अंदाज़ से। मैं डिटेक्टिव बना... बिल्कुल उसी अंदाज़ में...जैसे एक नास्तिक बंदा शैतान के काम करने के अजीबोग़रीब तरीक़े से प्रेरित होकर साधु बन जाए। और आज मैं बैठा हूँ अपने आदर्श के सामने...मेरा पद्‌म विभूषण...और सामने समंदर के दूसरे छोर पे सूरज

धीरे-धीरे अस्त हो रहा है...शाम की चिड़ियाँ चहचहाने लगी हैं...और आप आराम से व्हिस्की पी रहे हैं...

ब्रह्मात्मे

तुम में शायर बनने के सारे गुण हैं...माई डियर... *(अटकता है)*

सूफ़ी

गड़गड़ सूफ़ी...

ब्रह्मात्मे

माई डियर गड़गड़ सूफ़ी...

सूफ़ी

और ये सिर्फ़ आपकी किताबों का असर है...

ब्रह्मात्मे

सुनकर तक़लीफ़ हुई क्योंकि तुम अब भी फटे पुराने कपड़े पहने हुए हो...। तुम्हारा ये नया पेशा तुम्हारे लिए कोई खुशनुमा ज़िन्दगी लेके नहीं आया लगता है...

सूफ़ी

अब ज़िन्दगी फूलों का बिछौना तो वैसे भी नहीं हो सकती है न ब्रह्मात्मे साहब...

ब्रह्मात्मे

मुम्बई का पुलिस कमिश्नर मेरा दोस्त है। तुम कहो तो मैं उससे बात करूँ तुम्हारे लिए... ? क्रिमिनोलॉजी की किस पार्टिक्युलर ब्रांच में तुम स्पेशियलाइजेशन कर रहे हो? सिविल डिवोर्स, फ़ौजदारी? या ड्रग ट्रैफिकिंग?

सूफ़ी

जी...लिटरेचर...यानी साहित्य।

ब्रह्मात्मे

(खड़ा होता है एकदम)

अरे मैं समझ गया, दफ़ा हो जाओ...

सूफ़ी

(वो भी खड़ा होता है)

आदरणीय ब्रह्मात्मे साहब...

ब्रह्मात्मे

तुम क्रिटिक बन जाना चाहते हो... ?

सूफ़ी

आप कृपया मुझे बोलने की इजाज़त तो दीजिए...

ब्रह्मात्मे

गेट आउट...

सूफ़ी

लेकिन मैंने सिर्फ़ आपकी किताबों को उनके क्रिमिनोलॉजिकल ऑस्पेक्ट के साथ देखने की कोशिश की है... उनका लॉजिकल इन्टरप्रेटेशन देके...

ब्रह्मात्मे

(उसे ध्यान से देखते हुए)

तुम अजीब से अजीबोग़रीब होते जा रहे हो। (एक चुप्पी) पहले कहाँ थे... ?

सूफ़ी

(हाथ जोड़ देता है)

आप ही के आस-पास था...

ब्रह्मात्मे

(एक पल बाद)

बैठो...

सूफ़ी

थैंक यू...

(बैठता है)

ब्रह्मात्मे

मैं साइको एनालिसिस्ट, कैथोलिक, प्रोटेस्टेंट, एक्जिस्टेंशियल, बुद्धिस्ट, मार्क्सिस्ट, हिन्दू और इस्लामी पाइंट ऑफ व्यू से तो एनालाइज किया गया हूँ...लेकिन तुम्हारा व्यू पाइंट तो बिल्कुल ही अनोखा है...

सूफ़ी

जी मैं वही बतलाना चाहता था आदरणीय...

ब्रह्मात्मे

ब्रह्मात्मे है मेरा...नाम

सूफ़ी

आदरणीय ब्रह्मात्मे साहब। मैं आपकी किताबें पढ़ता हूँ, क्योंकि वो एक ख़ास थिअॅरी पर आधारित हैं या यूँ कह लीजिए कि ''मेरी'' एक ख़ास थिअॅरी पर आधारित हैं। आपकी नॉवेल्स की, फिक्शन की दुनिया में जो भी घटता है...उसे हक़ीक़त की दुनिया में भी घटित होना चाहिए, क्योंकि मुझे ये बिल्कुल असम्भव लगता है कि कोई ऐसा फिक्शन भी ईजाद हो जो कभी हक़ीक़त में घटित ही ना हुआ हो...

ब्रह्मात्मे

(कसमसाते हुए)

ठीक है...। आगे... ?

सूफ़ी

चमत्कार कभी घटते नहीं। वो मानव मस्तिष्क की सीमा के अन्दर ही होते हैं...

ब्रह्मात्मे

तो... ?

सूफ़ी

तो बात ये ही है कि मैंने आपके नॉवेल्स में हुए मर्डर्स को प्रतीक बनाकर उनकी हक़ीक़त में झाँकना शुरू कर दिया...

ब्रह्मात्मे

तुम्हारा मतलब है कि मेरे नॉवेल्स और हक़ीक़त में कोई सम्बन्ध है... ?

सूफ़ी

बिल्कुल। मैंने बिल्कुल नपे-तुले ढंग से तर्क करना शुरू किया। सबसे पहले मैंने आपके सारे काम का एक सर्चिंग एनालिसिस किया। आप न केवल अपने वक़्त के सबसे बेशक़ीमती और एक तरह के करतबी लेखक हैं...जिसके डाइवोर्स, लव अफेयर्स, शराब और शिकारों के क़िस्से अक्सर न्यूज पेपर्स और टेलीविजन का न केवल अहम हिस्सा रहे हैं...बल्कि आपको वर्ल्ड लिटरेचर के सबसे

ख़ूबसूरत और रोमैंटिक मर्डर सीन्स लिखने के लिए भी जाना जाता है।

ब्रह्मात्मे

मैंने कभी मर्डर को ग्लोरीफाई नहीं किया। मैंने हमेशा इनसान को उसके पूरेपन में दिखाने की कोशिश की। अब अपने पूरेपन में...ज़ाहिर है...वो प्यार करने के साथ मर्डर करने की भी क़ाबिलियत रखता है...

सूफ़ी

जी एक डिटेक्टिव के तौर पर मेरा इंटरेस्ट इसमें नहीं रहा कि आपने क्या कोशिश की। आपने क्या कर डाला... एक्चुअली... ये मेरी थीसिस का विषय है। आपके सीन में आने से पहले हिन्दुस्तान में मर्डर एक ख़ौफ़नाक चीज़ समझी जाती थी। लेकिन आपकी क़लम ने ज़िन्दगी के इस स्याह हिस्से को...या यूँ कहें कि मौत के इस स्याह हिस्से को भी बेहद ख़ूबसूरत और रंग-बिरंगा बना दिया। आपको हिन्दुस्तान में आज "मौत का रंगीन सौदागर" के नाम से जाना जाता है।

ब्रह्मात्मे

वो केवल मेरी पॉलुलैरिटी की निशानी है...

सूफ़ी

और आपकी क़ाबिलियत की भी जिसमें आप ऐसे मास्टर मर्डरर यानी कि बेशक़ीमती ख़ूनी पेश करते हैं जिनकी

शक्ल पहचानते हुए भी उन्हें पकड़ पाना किसी के लिए ना-मुमकिन है...

ब्रह्मात्मे

(ध्यान से देख रहा है)

तुम्हारा इशारा मेरे उस अनोखे सनकी लेखन की तरफ़ है...जहाँ क्रिमिनल बिना अपनी शक्ल दिखाए ग़ायब हो जाता है... ?

सूफ़ी

शक्ल तो दिखती है...लेकिन फिर भी नहीं दिखती।

ब्रह्मात्मे

दूसरे शब्दों में...तुम मेरे नॉवेल्स को ऐसे पढ़ते हो जैसे कि वो पुलिस रिपोर्ट्स हों... ?

सूफ़ी

जैसे कि वो हामिसाइड रिपोर्ट्स हों। आपके हीरोज न किसी मोटिव के साथ मर्डर करते हैं...न ही उन्माद में...। बल्कि वो मर्डर करते हैं अपने मानसिक सन्तुलन को बनाए रखने के लिए...सुख के लिए...शान्ति के लिए...। अपनी कल्पना शक्ति को फैलाने के लिए...या अपने तजुर्बे को लगातार बढ़ाने के लिए। ट्रेडिशनल क्रिमिनोलॉजी थ्योरी में हर मर्डर के पीछे कोई न कोई मोटिव ज़रूर

होता है। आपके मर्डर्स में कोई मोटिव नहीं होता। किसी भी पुलिस या डिस्ट्रिक्ट अटॉर्नी के लिए ये मर्डर्स बहुत ही गहरे या सट्ल होते हैं। इनका कारण पहचानना मुश्किल है। यहाँ तक कि उन्हें भी ये ही लगता है कि मर्डर हुआ ही नहीं...क्योंकि क़ानून के हिसाब से मर्डर बिना मोटिव के नहीं हो सकता...और मोटिव यहाँ होता नहीं। और ऐसे में जो मर्डर्स आप दिखाते हैं...वो ऐसे लगते हैं जैसे सुसाइड्स...एक्सिडेंट्स....या नेचुरल डेथ्स हों....

ब्रह्मात्मे

हूँ। ये कहा जा सकता है...

सूफ़ी

और ठीक यही आपके पाठकों को भी पढ़ते हुए नज़र आता है।

ब्रह्मात्मे

चलो...। ये भी मान लिया...

सूफ़ी

अपनी खोज-बीन के इस मोड़ पर ख़ुद को मैं उस स्पेनिश किंग से कम नहीं समझता...। क्या नाम है उसका...डॉन... ?

ब्रह्मात्मे

डॉन क्विक्सोट...

सूफ़ी

डॉन क्विक्सोट...जिसका ज़िक्र आपके नॉवेल्स में अक्सर होता रहता है। वो आजीवन इस उन्माद में ज़िन्दा रहता है कि उसकी कल्पना में किए गए रोमांस हक़ीक़त हैं...और यहाँ मैं आपके नॉवेल्स को हक़ीक़त से कम नहीं समझता। लेकिन फ़र्क़ यही है कि मैं अपने आपको किसी भी चीज़ से ख़ौफ़ज़दा नहीं होने देता। मेरा एक ही मोटो है...आगे बढ़ो...आगे बढ़ो...और बस आगे बढ़ते जाओ। ये जानते हुए भी कि आगे बढ़ने का मतलब है...लगातार हैवानों का सामना करते रहना।

ब्रह्मात्मे

(बुरी तरह गद्‌गद्‌ है)

ग़ज़ब है, ग़ज़ब है। तुम ग़ज़ब कर रहे हो...(बेल बजाता है) जमील...जमील...(सेक्रेटरी आता है)

सेक्रेटरी

यस सर...

ब्रह्मात्मे

हमें आज सारी रात काम करना है। मिस्टर सूफ़ी को एक बेहतरीन सिगार ऑफर करो। हम इन्हें कुछ तो पेश करें जिससे कि इन्हें आनन्द आए। ब्राजील, हवाना?

सूफ़ी

बस बस धन्यवाद ? अगर आप इजाज़त दें तो मैं अपनी ये सिगरेट पी लूँ ? सस्ती-सी ?

ब्रह्मात्मे

ज़रूर ज़रूर। तुम जा सकते हो जमील... । और ये ख़ंजर ले जाओ। मुझे अभी इसकी ज़रूरत नहीं पड़ेगी...

सेक्रेटरी

जी ज़रूर सर...

(जाता है)

सूफ़ी

बहुत ही ख़ूबसूरत और उम्दा पीस था। मैंने अभी-अभी नोटिस किया था आदरणीय...

ब्रह्मात्मे

ब्रह्मात्मे है मेरा नाम। क्या उस सिगार का ज़िक्र कर रहे हो ?

सूफ़ी

उस ख़ंजर का। बस एक झटके की ज़रूरत है... और बंदा ख़त्म...बहुत तीखा है...और नुकीला भी...

ब्रह्मात्मे

लाइट ?

सूफ़ी

ज़रूर...

(वो जलाता है)

तनाव में एक सिगरेट का कश लगाने का आनन्द सौ औरतों से सम्भोग करने के बराबर है...

ब्रह्मात्मे

जम के सम्भोग करो...लेकिन अपनी कहानी को आगे बढ़ाते चलो...

सूफ़ी

मेरे लिए किसी सॉल्युशन पर पहुँचना इतना आसान नहीं था। मुझे बहुत ही डिटेल्ड एनालिसिस की ज़रूरत महसूस हुई। और तभी मेरे हाथ में पड़ा आपका नॉवेल... 'ही वाज़ नॉट ए जुवेनाइल।'

ब्रह्मात्मे

मेरा पहला नॉवेल...

सूफ़ी

जो ग्यारह साल पहले छपा था...

ब्रह्मात्मे

उस पर फ़िल्म भी बनी थी। बॉलिवुड में उसके राइट्स लेने की होड़ लग गई थी...

सूफ़ी

दिल्ली में एक बस में गैंग रेप होता है। लड़की मर जाती है। छः लोग पकड़े जाते हैं। उनमें से पाँच को फाँसी हो जाती है। छठा बंदा बच जाता है क्योंकि क़ानून उसे जुवेनाइल मानता है...यानि अट्ठारह साल से छः चार महीने छोटा...यानि अपरिपक्व। उसे चाइल्ड होम में भरती करा दिया जाता है। वो अपनी आँखों से उस रेप के बाद सड़कों पर हुए हो-हल्ले, प्रोटेस्ट और शोरगुल को धीरे-धीरे ग़ायब होते देखता है। फिर तीन साल बाद उस चाइल्ड होम से निकलता है और बढ़ती हुई उम्र के साथ पक्का आवारा...मोटा...बढ़ी हुई दाढ़ी...तगड़े गंजे सिर के साथ...भंयकर शराबी में तब्दील हो जाता है। फिर वो पुरानी दिल्ली के एक शोरूम में एक जर्मन डिप्लोमैट की बीवी से मिलता है। अपने आपको प्रेजेन्ट करने की ग़ज़ब क़ाबलियत है उसमें...। वो उस जर्मन औरत को राज़ी करता है एक घटिया... चिपचिपे...मरघट जैसे दरीबाँ कलाँ के होटल में चलने के लिए...। जहाँ वो उसे सिड्यूस करता है। वहाँ शराब के उन्माद में...अपने सस्ते चार्म्स से...जो कि उस जर्मन औरत के लिए बिल्कुल नया है...वो उसे यक़ीन दिला देता है कि मिलन का सुख ख़ास कर हिन्दुस्तान की पावन धरती पे अगर कोई है तो सिर्फ़ नब्ज़ काट के आत्महत्या करने में है। वो औरत पागलों-

सी बड़बड़ा रही है...हँस रही है...रो रही है... और उसकी जुबान से हिप्नोटाइज हो कर वो अपने आपको उस सेक्सुअल एक्सटैसी में मार डालती है। लेकिन वो अपने आपको नहीं मारता...। हरगिज़ नहीं। वो अपनी सिगरेट सुलगाता है और बाहर निकल लेता है। फिर वो मोतिया ख़ान की बस्ती के पास से गुज़रता है...एक मिशनरी के पादरी की हड्डियाँ तोड़ता है...उसका बटुआ छीनता है...और सुबह होने से पहले वहाँ से बाहर निकल लेता है। अब भले ही इसे एक ऐब्सर्ड प्लॉट कह लें लेकिन पढ़ते वक़्त सीन्स की बयानगी में ये हिचकॉक को भी मीलों पीछे छोड़ देता है...

ब्रह्मात्मे

(विस्मय से मुस्कराते हुए)

पक्का! तुम मुझे ये नहीं बताने जा रहे सूफ़ी कि अपनी खोज-बीन को आख़िरी जामा पहनाने के लिए तुमने इटावा से दिल्ली आके उन तंग गलियों की ख़ाक छानने की ज़हमत उठाई जिससे कि तुम मेरी इस स्टोरी को तसदीक़ कर सको?

सूफ़ी

मेरे पास और कोई चारा भी नहीं था श्रीमान? मैं वहाँ गया और बहुत सारे पैसे ख़र्च करके मैंने उस वक़्त के न्यूजपेपर्स अपने लिए उपलब्ध करवाए और पुरानी दिल्ली के एक कान्सटेबल को बहुत सारे पैसे देकर इस काम पर लगाया कि वो सारी हाज़िर कर सके...

ब्रह्मात्मे

ये "बहुत सारे पैसे" बहुत ज़ोर डाल के बोलते हो...

सूफ़ी

कम पैसों में हमारे यहाँ काम होता कहाँ है श्रीमान...

ब्रह्मात्मे

ये भी सही है। और क्या मालूम पड़ा...

सूफ़ी

वो जर्मन के बजाय एक स्वीडिश डिप्लोमैट की बीवी थी जिसने सुसाइड कमिट की थी 2014 में। वो एक बहुत ही घटिया होटल में मरी पाई गई थी। सुसाइड का कोई कारण नहीं मालूम पड़ा...जिसका मुझे पहले से एहसास था...

ब्रह्मात्मे

और वो आदमी...जिसके साथ वो इस होटल में गई थी?

सूफ़ी

नहीं मालूम पड़ा। होटल के रिसेप्शन काउंटर के बयान से ये मालूम पड़ता है कि वो इस बंदी के साथ आया था। और उसी दौरान एक मिशनरी के पादरी को भी बुरी तरह से मारा गया था। उसकी हड्डियाँ बुरी तरह

टूट चुकी थीं। वो मारने वाले के बारे में कुछ नहीं बतला पाया। *(पॉज)* और फिर मैंने उठाया 'मिस्टर एक्स इज बोर्ड'

ब्रह्मात्मे

उस वक़्त गुजरात के गवर्नर जनरल का सबसे पसन्दीदा नॉवेल...

सूफ़ी

आपकी दूसरी किताब। एक इंसान मिलता है एक सोलह साल की कमसिन जवान मुसलिम लड़की से अहमदाबाद गुजरात में। वो उसकी ख़ूबसूरती और मासूमियत पे मर मिटता है। प्रकृति का दबाव...

अरब सागर का उफान...और जलती हुई गरमी उसके वहशीपन को जगा पाने में कामयाब हो जाती है। परिणाम...कड़कड़ाती बिजली और बरसती बरसात की रात के अंधड़ में रेप और मर्डर...। ख़ौफ़नाक... निर्मम... लेकिन साथ में बहुत ही ख़ूबसूरत और पोएटिक बेहद थोड़े डॉयलाग्स...लेकिन एकदम क्लीयर और प्रिसाइज! और फिर पुलिस कार्रवाई का ब्योरा...मोटरसाइकिल... रेडियो कोर्स...और उनके चीख़ते साइरन। हर तरफ़ ख़ूनी की खोज...और सस्पेक्ट्स...जिनमें सब हैं छोड़ असली क़ातिल के। वो बेतरह पॉपुलर है और करोड़ों दिलों के अन्दर बसता है अपनी सो कॉल्ड सोशल सर्विसिज के लिए। उस पर शक होना नामुमकिन ही नहीं...पाप है। वो लम्बा है, चौड़ा...गंजा...। वो तो उल्टे लंडन की फ्लाइट पकड़ने जा रहा है...वहाँ पर एक पीस कन्वेंशन

में बोलने के लिए। जाने के पहले वो बाक़ायदा उस लड़की का फ्युनरल अटेंड करता है...और इस तरह ये क्राइम नॉवेल किसी ग्रीक ट्रेजेडी की तरह ख़त्म होता है।

ब्रह्मात्मे

(मुस्कुराते हुए)

तुम्हारी कल्पना शक्ति बेहतर से बेहतरीन होती जा रही है...

सूफ़ी

(काटते हुए)

उसी वक़्त एक सोलह साल की कमसिन जवान लड़की का रेप हुआ...फिर क़त्ल भी...अहमदाबाद गुजरात में...समंदर के किनारे....

ब्रह्मात्मे

और क़ातिल... ?

सूफ़ी

हमेशा की तरह...पता नहीं...

ब्रह्मात्मे

ठीक उस औरत के क़ातिल की तरह... ?

सूफ़ी

जी बिल्कुल उसी तरह...। (हिचकता है) बावजूद बेहतरीन और क़ाबिल पुलिस फोर्स के रहते हुए...

ब्रह्मात्मे

(अहंकारपूर्वक)

ठीक कहा...

सूफ़ी

अथॉरिटीज को हलका-सा भी क्लू नहीं...

ब्रह्मात्मे

और आगे भी तुम्हारी खोज जारी रही... ?

सूफ़ी

अगर आप इस पेपर पे एक नज़र मारें तो इनमें उन सारे लोगों की लिस्ट है जिनका मिलान और सम्बन्ध मैं आपके नॉवेल्स के कैरेक्टर्स से प्रमाणित कर चुका हूँ...

ब्रह्मात्मे

जितना मैं देख पा रहा हूँ...ये...बाईस नाम हैं लिस्ट में...

सूफ़ी

एक्जैक्टली उतने ही...जितने नॉवेल्स आपकी क़लम से निकले हैं...

ब्रह्मात्मे

ये सारे लोग मर चुके हैं... ?

सूफ़ी

कुछ ने सुसाइड कमिट किया...कुछ अजीबोग़रीब हादसों के शिकार हो गए...छोड़ उस मुस्लिम लड़की के जिसका रेप और मर्डर अहमदाबाद की बीच पर हुआ...

ब्रह्मात्मे

ये इस हैदराबाद की बेगम लुबना के आगे क्वेश्चन मार्क क्यों है ?

सूफ़ी

वो उस ज़ाहिरा से सिर्फ़ मेल भर खाती है जिसको आपका हीरो आपके नॉवेल '...एंड द नाइट बिगंस' में गला घोंट के मार डालता है। इसमें थोड़ा कन्फ्यूजन था। इसे मैंने वैसे ही छोड़ दिया। वैसे भी लुबना दुबई में अपनी स्वाभाविक मृत्यु मरी थी...

ब्रह्मात्मे

हूँ। बहुत ही लाजवाब लिस्ट है। बहुत अनोखी भी...

सूफ़ी

मेरी दस साल की क्रिमिनोलोजिकल इन्वेस्टिगेशन का परिणाम। और सिर्फ़ यहाँ पर कहानी ख़त्म नहीं होती। *(ब्रह्मात्मे उसकी तरफ़ देखता है)* आगे कहना चाहता हूँ कि जहाँ-जहाँ ये सुसाइड्स और ऐक्सिडेंट्स हुए...वहाँ-वहाँ...श्रीमान...किसी न किसी रूप में...आप...साक्षात मौजूद थे...

ब्रह्मात्मे

सच में... ?

सूफ़ी

आप दिल्ली में थे...जब वो स्वीडिश औरत मरी। आप अहमदाबाद में थे...जब वो लड़की मरी...। और आप उन बीस जगह मौजूद थे जहाँ वो बीस लोग मरे...यानी कलकत्ता में सोनागाछी...आसाम में भीलगिरी...और केरला में निधिपुरा...

ब्रह्मात्मे

अलग शब्दों में...कहा जाए तो...मैं हर जगह था...

सूफ़ी

हर जगह श्रीमान....

ब्रह्मात्मे

और आप हर जगह मेरे पीछे लगे हुए थे...जनाब सूफ़ी?

सूफ़ी

वो मुझे लगना ही था श्रीमान...अपनी क़ाबिलियत को साबित करने के लिए...अपनी ही निगाह में। वो मेरे लिए एक संजीदा विषय था...मज़ाक़ नहीं।

ब्रह्मात्मे

मतलब आप सिर्फ़ पुरानी दिल्ली और अहमदाबाद में ही नहीं थे... ?

सूफ़ी

जहाँ-जहाँ आप थे...वहाँ-वहाँ मैं था...

ब्रह्मात्मे

ये तो बहुत ही महँगा सौदा पड़ा होगा आपके लिए? मतलब इतना ख़र्च?

सूफ़ी

तबाही की हद तक। बतलाने की ज़रूरत नहीं समझता कि मेरी सोर्स ऑफ इनकम ना के बराबर थी। बावजूद सम्पत और साधक कम्पनी को होने वाले प्रोफिट के...मेरी पेंशन लगभग जीरो थी। मैंने पेट काट-काट के ये यात्राएँ कीं। मैंने इसकी आदत डाली। मैंने भूखा रहना सीखा...। मेरे कुछ ट्रिप्स तो...आदरणीय...

ब्रह्मात्मे

ब्रह्मात्मे है मेरा नाम...

सूफ़ी

धन्यवाद। मेरे कुछ ट्रिप्स तो मेरे लिए भुखमरी का वरदान लेके आए। बस एक जगह जहाँ मैं नहीं पहुँच पाया...वो थी आपकी साउथ अमेरिका की यात्रा...सात साल पहले...। और हाँ। आपकी सालाना छुट्टी जो कि या तो अफ्रीका में मनती थी...या क्यूबा में...

ब्रह्मात्मे

कोई फ़ायदा भी नहीं होता सूफ़ी साहब। वहाँ मैं सिर्फ़ हाथियों का शिकार करने के लिए जाया करता था...

सूफ़ी

तो बाकी और जगह पर मैं आपके पास था...लगातार...

ब्रह्मात्मे

हूँ! वो तो मालूम हो रहा है...

सूफ़ी

और जहाँ-जहाँ आप रहे...आप किसी फाइव स्टार होटल में और मैं किसी सस्ते से गेस्ट हाउस में...वहाँ-वहाँ ये ऐक्सिडेंट्स हुए जिनको आपने बाद में एक मर्डर का जामा पहनाकर लिखना शुरू किया।

ब्रह्मात्मे

तुम मेरी ज़िन्दगी में मिले हुए सबसे ज़बरदस्त आदमी हो सूफ़ी...

सूफ़ी

फिर अगला सवाल जो मेरे दिमाग़ में आया...जो कि आना ही था...वो ये था कि आपके काम और इस इत्तेफ़ाक़ में सम्बन्ध क्या है...

ब्रह्मात्मे

ज़ाहिर है...

सूफ़ी

ये चन्द सम्भावनाएँ मेरे सामने जन्मीं जब मैंने इनको घनघोर तर्क की दृष्टि से देखने की कोशिश की। कि या

तो आपके कैरेक्टर्स इन लोगों पर आधारित हैं जिन्हें आपने अपनी ज़िन्दगी में ऑब्जर्व किया था। या फिर आपके प्लॉट्स बिलकुल उसी तरह से घटित हुए जिस तरह से आपने उन्हें घटने की इजाज़त दी...

ब्रह्मात्मे

ग़ज़ब...

सूफ़ी

अगर थोड़ी देर के लिए हम इस दूसरी थिअॅरी को सच मान लें...तो आपके प्लॉट...जिनको आपकी बेइंतिहाई कल्पनाशक्ति का परिणाम माना गया है...और कुछ नहीं बल्कि चन्द सचमुच में घट चुकी घटनाओं के रू-ब-रू वाक़िए हैं। और मेरे इस परिणाम ने मेरी ज़िन्दगी हराम कर दी...। मैं पागल हो गया...बेतरह परेशान रहा...बेतरह कसमसाता रहा इस थिअॅरी को पूरी तरह स्वीकार करने में...लेकिन फिर अन्त में इसी परिणाम पर पहुँचा कि अगर सत्य हो सकता है तो सिर्फ़ यही। अब इसमें एक नई समस्या खड़ी हो जाती है...कि अगर आपके नॉवेल्स वाक़ई सच्चे वाक़िए हैं...तो ये मर्डर्स जो आपने डिस्क्राइब किए...ये भी सच्चे हैं। और फिर यहाँ एक सबसे बड़ा सवाल खड़ा हो जाता है...कि क़ातिल कौन है... ?

ब्रह्मात्मे

और क्या जवाब मिला... ?

सूफ़ी

कि मौजूदा परिस्थितियों को देखते हुए हमें सारे क़ातिलों को एक क़ातिल मानना पड़ेगा। आपके सारे हीरोज साफ़-साफ़ तौर पर कमोबेशी के साथ एक ही शख़्सियत के मालिक थे। ये सब लम्बे-चौड़े...गंजे सिर के साथ...अमूमन नंगे सीने के साथ क़त्ल के मौक़े पर देखे गए। ज़रूरत से ज़्यादा लम्बी-चौड़ी मुस्कानों के साथ अपनी ख़ूबसूरत लच्छेदार भाषा का इस्तेमाल करते हुए...नशे की तरंग में सराबोर आपके वहशी और दरिंदगी-भरे प्लॉट्स में घुसते चले गए। *(पॉज़)* और वो...माफ़ कीजिएगा ब्रह्मात्मे साहब...वो आप थे।

(सन्नाटा)

ब्रह्मात्मे

(एक पल बाद)

सच बोल रहे हो... ?

सूफ़ी

एकदम सच बोल रहा हूँ...

ब्रह्मात्मे

फिर सोच लो...

सूफ़ी

कई बार सोच चुका हूँ...

ब्रह्मात्मे

मतलब ये कहना चाहते हो कि मैंने ही हर बार... ?

सूफ़ी

इक्कीस बार...

ब्रह्मात्मे

बाईस बार...

सूफ़ी

इक्कीस बार। वो हैदराबाद की बेगम का केस अभी तक कन्फ्यूजिंग है...

ब्रह्मात्मे

मान लिया...मान लिया। मतलब...तुम्हारे हिसाब से मैंने इक्कीस लोगों को मारा है...

सूफ़ी

ये मेरा ठोका-बजाया ठोस परिणाम है। मैं इस वक़्त न केवल अगने समय के सबसे महान राइटर के सामने खड़ा

हुआ हूँ...बल्कि इस समय मेरे सामने देश का सबसे ख़ूँख़्वार हत्यारा भी खड़ा हुआ है...

ब्रह्मात्मे

(बड़बड़ाता है)

बाईस लोग...

सूफ़ी

इक्कीस...माफ़ कीजिएगा...

ब्रह्मात्मे

चलो इक्कीस लोग। तुम्हें मालूम है कि लोग इस तरह की बात सुनना भी...

(काटता है)

सूफ़ी

...पसन्द करेंगे क्योंकि वो उन्हें सोचने के लिए मजबूर कर देगी।

(चुप्पी)

ब्रह्मात्मे

(मुस्कुरा रहा है)

चलो...तो...अब क्या चाहते हो मुझसे...जनाब गड़गड़ सूफ़ी साहब...

सूफ़ी

अब जब मैंने आपको अपने सारे शोध का परिणाम बतला दिया है...तो अब मैं सुख की साँस ले सकता हूँ। मैं कई बार इस पल की कल्पना करके काँप उठा हूँ... लेकिन घबराया कभी नहीं...। और मैं देख रहा हूँ कि आप अभी तक शान्त हैं और पूरे समर्पण भाव से मंत्रमुग्ध होकर मुझे सुन रहे हैं। इसलिए मैं भी इतनी ही स्पष्ट भाषा में आपको कुछ और कहना चाहूँगा...

ब्रह्मात्मे

बाक़ायदा...

सूफ़ी

पहले मेरा ख़याल सिर्फ़ आपको एडमिनिस्ट्रेशन के हवाले करने का था...

ब्रह्मात्मे

और अब?

सूफ़ी

अब...

ब्रह्मात्मे

ख़याल बदल गया?

सूफ़ी

शायद...

ब्रह्मात्मे

ऐसा क्यों?

सूफ़ी

मैं आपको दस साल से देखता आ रहा हूँ। मैंने देखा है कि आपने कितने जज़्बे से अपनी कला को निखारा है...सँवारा है। कितनी समझदारी से आपने अपने शिकारों को चुना है...और कितनी शान्ति और आराम से अपने काम को अंजाम दिया है...

ब्रह्मात्मे

तो...मुझे एडमायर करते हो?

सूफ़ी

बुरी तरह से....

ब्रह्मात्मे

एक निर्मम क़ातिल मान कर या एक महान उपन्यासकार?

सूफ़ी

दोनों। जितना मैंने आपकी जुर्म की गतिविधियों को स्टडी किया है...उतना ही ज़्यादा मैं आपकी साहित्यिक रुचि का दीवाना हो चुका हूँ। मैं आपको सही मायने में आर्टिस्ट मानता हूँ और आपके आर्ट की ख़ातिर ये बेशक़ीमती त्याग करने को तैयार हूँ...

ब्रह्मात्मे

जैसे?

सूफ़ी

मैं अपनी इस सबसे महान उपलब्धि को भी दफ़्न कर दूँगा। मैं इससे मिलने वाले नाम और यश को भी लात मार दूँगा...

ब्रह्मात्मे

तो मुझे अन्दर भिजवाने का इरादा नहीं है?

सूफ़ी

मैं इस मौक़े को एक बुरा सपना समझकर भूल जाऊँगा...

ब्रह्मात्मे

और बदले में मुझसे क्या चाहोगे?

सूफ़ी

बस एक ज़रा-सा टोकन। मेरी पीठ थपथपा दीजिए...

ब्रह्मात्मे

थपथपा दी...

सूफ़ी

और आगे ये है...कि मैं खोखला हो चुका हूँ। तन-मन और धन से...। मैंने अपने आर्ट पर अपने पास की हर चीज़ कुरबान कर दी है। इस क्रिमिनोलॉजिकल साइंस के कॉज को सर्व करते हुए मैं आज ढंग की ज़िन्दगी जीने के क़ाबिल भी नहीं रहा हूँ। एक जगह से दूसरी जगह दौड़ने-भागने की न तो मेरे जिस्म में ताक़त बची है...और न ही जेब में पैसा। मैं शान्ति से दिल में उमंग और चेहरे पे खुशी लिए इटावा लौट जाऊँगा बशर्ते...

ब्रह्मात्मे

बशर्ते... ?

सूफ़ी

बशर्ते कि आप मेरी बची हुई पेंशन का ज़िम्मा अपने सर पर ले लें। सिर्फ़ थोड़ा-सा एक्स्ट्रा पॉकेट मनी मुझे ताउम्र मिलता रहे। ज़्यादा नहीं...बस पच्चीस हज़ार रुपए हर

महीने...ताकि मैं यूँ ही आपकी ज़िन्दगी में एक अच्छा-सा रोल अदा करता रहूँ... । आपका प्रशंसक और ताबेदार बनकर...

ब्रह्मात्मे

सूफ़ी महाराज। मैं भी...इस वक़्त...एक कन्फ़ेक्शन करना चाहता हूँ। मैं भी तुमसे उतनी ही बेबाकी और बेतकल्लुफ़ी से बात करूँगा...जैसे कि तुमने की है। मेरे दिमाग़ में कोई शक ही नहीं है कि तुम मेरी ज़िन्दगी में मिले हुए आज तक के सबसे महान व्यक्ति हो। तुम्हारे टेलेंट और तेज़-तर्रार दिमाग़ ने तुम्हें कहीं ग़लत नहीं पहुँचाया। तुम एकदम सही निष्कर्ष पर पहुँचे हो... । मैं सब कुछ क़बूल करता हूँ...

(चुप्पी)

सूफ़ी

आप क़बूल करते हैं... ?

ब्रह्मात्मे

मैं क़बूल करता हूँ...

सूफ़ी

वो स्वीडिश औरत... ?

ब्रह्मात्मे

वो स्वीडिश औरत...

सूफ़ी

वो जवान कमसिन लड़की ?

ब्रह्मात्मे

वो जवान कमसिन लड़की...

सूफ़ी

वो जोधपुर की तलाकशुदा महारानी ?

ब्रह्मात्मे

वो भी। साथ में उस हैदराबाद की बेगम को भी गिन लो। वो...

सूफ़ी

नहीं। वो नहीं गिनी जाएगी...

ब्रह्मात्मे

मेरी बात तो सुन लो मेरे दोस्त...

सूफ़ी

आप अच्छी तरह जानते हैं कि अब आप चीटिंग कर रहे हैं ब्रह्मात्मे साहब...

ब्रह्मात्मे

चलो...। उसको छोड़ देते हैं...

सूफ़ी

लेकिन आपने बाक़ी इक्कीस को मारा... ?

ब्रह्मात्मे

पूरे इक्कीस को...! न एक कम न ज़्यादा...

सूफ़ी

मेरा भगवान जानता है कि मेरी ज़िन्दगी इस पल से आगे नहीं जाती...। ये पल महान है...

ब्रह्मात्मे

सही कहा। तुम्हारी ज़िन्दगी वाक़ई इसके आगे नहीं जाती...

(अचानक एक जवान लड़की बेडरूम के दरवाज़े पर दिखती है।)

लड़की

मुझे पापा के पास वापस जाना चाहिए ब्रह्मात्मे...

ब्रह्मात्मे

फिलहाल अन्दर जाओ...

(वो अन्दर जाती है)

सूफ़ी

ये उस ब्रिटिश बिजनेसमेन की ख़ूबसूरत बेटी नहीं है जो आप से लगे हुए रूम में रह रहा है... ?

ब्रह्मात्मे

वही है...

सूफ़ी

आपकी अगली शिकार ?

ब्रह्मात्मे

हरगिज़ नहीं। मेरा अगला शिकार कोई और ही होगा। लेकिन सूफ़ी। बावजूद सारी समझदारी और सावधानी के तुमसे एक चूक हो गई। तुम्हें कहीं से भी ये नहीं लगा कि

इस तरह अकेले में मेरे कमरे में आना और मुझे मेरी व्यक्तिगत ज़िन्दगी के बारे में इतने ख़तरनाक तथ्य बतलाना ख़तरे से ख़ाली नहीं था?

सूफ़ी

आपका मतलब...आप मुझे मार भी सकते हैं...?

ब्रह्मात्मे

बिलकुल...

सूफ़ी

बिलकुल था ब्रह्मात्मे साहब। मैंने स्थिति का हर सिरे से जायज़ा लिया था और बहुत ही शान्ति से हर तरह के एहतियात भी बरत लिये थे। एक बहुत ही प्रसिद्ध बॉलिवुड स्टार आपके रूम के ठीक ऊपर ठहरी हुई है। एक थाईलैंड का एम्बेसेडर आपके बाएँ वाले रूम में...और एक मिडल क्लास जवान विडो आपके बाईं तरफ़...

ब्रह्मात्मे

ग़लत बोल गए सूफ़ी। वो जवान विधवा करोड़ों की मालकिन है...

सूफ़ी

ग़लत आप बोल गए ब्रह्मात्मे साहब। मेरी जानकारी के हिसाब से उसके पति ने दिल्ली में एक मामूली-सा डिपार्टमेंटल स्टोर चलाया है। और आपके रूम के नीचे इस वक़्त ऑर्कबिशप ऑफ रोम का एक डेलिगेशन ठहरा हुआ है। एक ज़ोरों की चीख़ मारने की ज़रूरत है और कल सुबह दुनिया-भर के अख़बारों के मुख्य पृष्ठ पर ये घटना बड़े-बड़े हरूफ़ में छप जाएगी। तो आपको मुझे बहुत ही ख़ामोशी से मारना पड़ेगा...जिसके लिए ज़हर इकलौता हथियार हो सकता है...

ब्रह्मात्मे

बहुत ख़ूब...। तो इसलिए तुमने ड्रिंक लेने से इनकार कर दिया था... ?

सूफ़ी

बिलकुल। वरना मेरे लिए इन्कार करना बहुत मुश्किल था। ख़ास कर स्कॉच ज़िन्दगी में एक ही बार पी है...

ब्रह्मात्मे

और इसीलिए शायद सिगार भी मना कर दिया?

सूफ़ी

ज़ाहिर है। आपने सागर अम्बानी को ऐसे ही तो मारा था...। हवाना सिगार का सिरा ज़हर में डुबो कर... ?

ब्रह्मात्मे

चलो ठीक है। लेकिन अगर किसी और तरह से मार दूँ तो ? तुम इटावा जैसी मामूली जगह से आए हो। ग़ायब भी हो गए तो क्या फ़र्क़ पड़ता है...

सूफ़ी

इटावा को मामूली मत समझिए। ग्लोबलाइजेशन हो चुका है। वहाँ चार मॉल खुल चुके हैं। आपकी किताबों से लेके टीवी के रियलटी शोज की धमक गूँजती रहती है इटावा में। कल्चर गरज के बरसा है वहाँ पर...

ब्रह्मात्मे

बस यहीं चूक कर गए सूफ़ी। *(खड़ा होता है)* आजकल कल्चर गरज के बरसता है सिर्फ़ चाँद के उस छोर पर...जहाँ कोई आबादी नहीं बसती। वरना अपनी इस बेसिर-पैर की घटिया इन्वेस्टिगेशन का तुम्हें कब से एहसास हो चुका होता। *(वो अपने लिए एक दूसरी व्हिस्की डालता है।)* तुम्हें मालूम है कि तुमने वो

साबित किया है जो ना-मालूम कब-कब कितनी बार और लोग साबित कर चुके हैं... ?

सूफ़ी

मतलब... ?

ब्रह्मात्मे

मतलब ये कि दुनिया उसे कब से जानती है जिसको तुम एक बेशक़ीमती राज़ समझ के सालों से सीने में छिपाए जा रहे हो... ?

सूफ़ी

नामुमकिन है। मैंने हर न्यूज पेपर नाख़ूनों से छान मारा है। किसी में कोई ज़िक्र नहीं है इस बात का...

ब्रह्मात्मे

आजकल सच सिर्फ़ एक जगह मिलता है मिस्टर गड़गड़ सूफ़ी। वो है टेबलॉयड न्यूज पेपर। इवनिंग न्यूज के पन्ने...या मिड डे का मुख्य पृष्ठ। और वो मेरे मर्डर्स के ज़िक्र से भरे पड़े हैं। तुम्हें लगता है कि लोग मेरे काम को हज़म कर पाते अगर वो वाकई नहीं जानते होते कि मैं सिर्फ़ उन्हीं मर्डर्स का वर्णन कर सकता हूँ जो मैंने अपने हाथों से किये हैं... ?

सूफ़ी

नहीं। देखिए आदरणीय...

ब्रह्मात्मे

ब्रह्मात्मे है मेरा नाम।

सूफ़ी

हाँ, वही ब्रह्मात्मे साहब। आप अरसे पहले गिरफ़्तार हो गए होते अगर ये सच होता तो...

ब्रह्मात्मे

मगर क्यों?

सूफ़ी

क्योंकि आप ख़ूनी हैं...। ...पेशेवर ख़ूनी...

ब्रह्मात्मे

तो? क्या हुआ? हम आर्टिस्ट्स तो हमेशा से ही दरिन्दे होते आए हैं...? कम से कम मिडल क्लास मोरेलिटी तो ऐसा ही मानती है...? देखो गेटे को...देखो एडगर एलन पो को। इन्हें क्या नाम दोगे...आर्टिस्ट दरिन्दे के अलावा? लेकिन सिर्फ़ इतना ही नहीं है। शुरू-शुरू में दुनिया हमसे घबराती रही कि हम दरिन्दे

हैं...। बाद में इसी कारण से इज़्ज़त करना शुरू कर दिया। हम सामाजिक ज़िन्दगी की सीढ़ियाँ चढ़ते चले गए...जब तक कि हम उसकी धुरी नहीं बन गए। और धुरी ही नहीं बल्कि हमें एक महान आदमी के तौर पर स्वीकार कर लिया गया। और इस स्वीकारोक्ति के साथ ही सोसाइटी की सारी रुचि हमारी प्राइवेट लाइफ में आके बन्द हो गई। हमें उन इन्सानों के तौर पे जाना जाने लगा जो अपने लिए कुछ भी उपलब्ध करा सकते हैं और धीरे-धीरे हम उन्हीं इंसानों की आँख का तारा बन गए जो अपने आपको कुछ भी उपलब्ध नहीं करवा सकते। हमारा आर्ट हमें अपनी सनक और ख़तरों से खेलने की पूरी इजाज़त देता है। तुम्हें क्या लगता है कि मुझे अपने नॉवेल 'मर्डर बट हूज?' के लिए पुलित्ज़र अवॉर्ड मिला होता अगर मैं ख़ुद मर्डरर नहीं होता? ज़रा देखो इन लाखों-करोड़ों ख़तों को...जो मेरे कमरे में बिखरे पड़े हैं। इनमें हाइ सोसाइटी की औरतें भी हैं... मिडल क्लास हाउस वाइव्ज़ भी...और कमसिन जवान लड़कियाँ भी। सबकी एक ही ख़्वाहिश है कि अपने होने वाले नॉवेल्स में मेरे मर्डर की पात्र वो हों...

सूफ़ी

मैं सपना देख रहा हूँ शायद...

तो सही वक़्त है। जाग जाओ। सिर्फ़ एक क्रिटिक ही है जो सोचता है कि राइटर अपनी साहित्यिक जागृति और लिखने की शैली पे काम करता है। असली साहित्य का साहित्यिक कंटेंट से कोई वास्ता नहीं होता। उसका उद्देश्य सिर्फ़ ह्यूमन मैनकाइंड को सन्तुष्ट करना है। लोग नए लिटररी फार्म्स या भाषा के एक्सपेरिमेंट का इंतज़ार नहीं करते। और फ़लसफ़ों को तो कहानियाँ समझकर भूल ही जाओ। वो इंतज़ार करते हैं ऐसी ज़िन्दगी का जिसमें कहीं उम्मीद बची हो क्योंकि वाक़ई उम्मीद कहीं नहीं बची है। वो इंतज़ार करते हैं ऐसी ज़िन्दगी का जो रंगीनियों से सराबोर हो। थोड़ा-थोड़ा तनाव हो और थोड़ा-थोड़ा ख़तरा...और इन सब में एक पल की शान्ति का सुख। जो उन्हें आज का मशीनी युग हरगिज़ नहीं दे सकता। इसीलिए वो मुड़ते हैं आर्ट की तरफ़। लिटरेचर एक ड्रग बन गया है...एक ऐसी ज़िन्दगी जीने का सब्सिच्यूट जो आज चाह कर भी सम्भव नहीं दिखती। लेकिन इस ड्रग को ईज़ाद करने के लिए राइटर्स को बदक़िस्मती से वैसी ही ज़िन्दगी जीनी पड़ती है...जिसका वो वर्णन कर सके...जो कि किसी नरक से बेहतर नहीं है... ख़ास तौर पर जब आप जिन्दगी में एक ख़ास उम्र को पार कर चुके हों...

(दूसरी जवान औरत दरवाजे पर प्रकट होती है)

दूसरी औरत

ब्रह्मात्मे...

ब्रह्मात्मे

गेट आउट ऑफ हेयर

(वो औरत ग़ायब हो जाती है)

ये थी वो बॉलीवुड स्टार... जिसका तुम ज़िक्र कर रहे थे। और वो जवान विधवा उधर अपनी बारी का इन्तज़ार कर रही है। जब मैंने लिखना शुरू किया था...तो मैं ग्वालियर जैसे छोटे शहर में बसता था। मैं उस वक़्त सिर्फ़ लिखने के तरीक़े पे और विरले सच्चे प्लॉट्स पे ग़ौर करता था। कुछ एक इने-गिने प्रकाशकों ने मेरी पीठ ठोंकी...बाक़ी ने मेरी पांडुलिपियाँ कूड़े में डाल दीं। ठीक ही था। मैं दिल्ली भाग आया। मैं मारा-मारा फिर रहा था। मुझे कहीं भी कामयाबी नहीं मिल रही थी। उसी वक़्त दिल्ली में एक गैंग रेप हुआ। उसमें से सबसे ख़ूँख़्वार कन्विक्ट को छोड़ दिया गया और मुझे अचानक लगा कि मेरा हीरो मुझे मिल गया है। ये वो वक़्त था जब ज़माना बदल रहा था। हर हिन्दुस्तानी नौजवान यूके या यूएसए जाना चाहता था। पूरे मध्यम वर्ग को जीने के लिए एक शॉर्ट कट की तलाश थी। मैंने उस हीरो को अपने अन्दर छोड़ दिया...और परिणाम... मेरे अन्दर से साहित्य फूट पड़ा...मैंने खुद के बारे

में लिखना शुरू कर दिया। पहले मुझे लगा कि मैं शायद गिरफ़्तार हो जाऊँगा। लेकिन जिस स्वीडिश पब्लिशर ने मुझे कांग्रेचुलेट किया और मेरी पीठ थपथपा के मुझे आगे लिखने के लिए पैसे दिए...उसी की बीवी से मेरा अफेयर मेरे पहले नॉवेल का मसौदा बना...जो बाद में कहलाया बेस्ट सेलर और अब... ख़ामोशी से स्कॉच का एक पेग उठाकर पी लो जो तुमने ज़िन्दगी में सिर्फ़ एक बार पी है।

(वो डालता है)

सूफ़ी

मैं...नहीं...थैंक यू...

ब्रह्मात्मे

वो ज़माना था चेतन भगत और अश्विन सांघी का। हिंदुस्तान में अंग्रेज़ी में बेस्ट सेलर आने शुरू हो चुके थे। मेरी पारखी नज़रें समझ चुकी थीं कि आने वाला साहित्य क्या होगा। बदलता हुआ समाज उसी तरफ़ इशारा कर रहा था। और जैसे ही मैंने जाना कि दुनिया क्या चाहती है...मैंने उन्हें वही देना शुरू कर दिया...उनकी सहूलियत के हिसाब से। उसके बाद से मैंने सिर्फ़ आत्मकथाएँ लिखीं। मैंने अपने स्टाइल पर ध्यान देना बन्द कर दिया जिससे कि मैं बिना किसी स्टाइल के लिख सकूँ...और वही मेरा स्टाइल बन गया। मैं प्रसिद्ध

हो गया...फेमस हो गया...लेकिन फेम ने मुझे और भी गुमनाम और ढकी हुई ज़िन्दगी बिताने के लिए मजबूर कर दिया, क्योंकि पब्लिक मुझे देखना चाहती थी। और डरावनी परिस्थितियों में, जिससे कि वो मेरे ज़रिए हर उस चीज़ को महसूस कर सकें...जो उनके लिए हराम थी। और इस तरह से मैं नरपिशाच बन गया... पब्लिक ऐनमी...एक मर्डरर। उसके बाद...जो भी हुआ...वो मेरी प्रसिद्धि को और आगे...और आगे ले गया। मेरी किताबें बैन की गईं...। जलाई गईं...। धार्मिक संस्थानों ने मुझे दोषी ठहरा के मुझ पर केस चला दिया...लेकिन मेरी किताबों की प्रिंटिंग और बिक्री लगातार बढ़ती रही...। वो लगातार पढ़ी जाती रहीं...और बड़ी-से-बड़ी होती गईं। और फिर तुम आए। उन घटिया सबूतों के साथ कि मेरे नॉवेल्स सच और सिर्फ़ सच बतलाते हैं। दुनिया में ऐसी कोई अदालत या सरकार नहीं है जिसके कान पे तुम्हारी बात से जूँ तक रेंगेगी क्योंकि दुनिया मुझे वैसे ही देखना चाहती है...जैसा कि मैं हूँ। वो तुम्हें पागल घोषित कर देंगे...जैसा कि उन्होंने किया है...हर उस बन्दे को...जिसने मुझे पागल साबित करने की कोशिश भी की। तुम्हें वाक़ई लगता है कि तुम पहले शख़्स हो जो इस परिणाम पर पहुँचा है ? इस देश की माँ...बहनें...बीवियाँ...हजबैंड्स...बच्चे सर उठा के रोते हुए पहुँचे हैं...क़ानून के पास... एडमिनिस्ट्रेशन के पास...। और कुछ नहीं हुआ। मेरे खिलाफ़ हर मुक़दमा ख़ारिज हो गया। डिस्ट्रिक्ट अटोर्नीज और ला एंड आर्डर्स के रखवाले...यहाँ तक कि मुल्क के प्रेसिडेंट्स ने भी मेरे मामलों में बीच में बोल के

मुझे आर्ट के नाम पे बचाया है...। मैं आर्ट के नाम पर धरोहर हूँ...। जिस भी व्यक्ति ने मुझे कोर्ट में घसीटने की कोशिश की...वो अन्त में कुत्तों समान अपने घाव को चाटता पाया गया। तुम बहुत बड़े बेवकूफ़ हो...गड़बड़ सूफ़ी। तुमने अपनी सारी-जमा पूँजी इस टुच्ची-सी खोज में ग़र्क़ कर दी है और तुम इसके लिए सज़ा के पात्र हो। मुझसे किसी पैसे की उम्मीद मत करना। तुम्हें उम्मीद करनी चाहिए तो किसी और ही चीज़ की। चला उठो। मदद के लिए पुकार लगाओ...चीख़ो... ज़ोर से चिल्लाओ...

सूफ़ी

(डर के खड़ा होता है)

मगर क्यों ?

ब्रह्मात्मे

मुझे एक प्लॉट चाहिए था...

सूफ़ी

नया प्लॉट ?

ब्रह्मात्मे

और मुझे नया प्लॉट मिल गया है...

सूफ़ी

क्या मतलब?

ब्रह्मात्मे

समय आ गया है...नया काम शुरू करने का...

सूफ़ी

आप अचानक पिस्तौल क्यों निकाल रहे हैं?

ब्रह्मात्मे

ये तुम्हें अभी तक समझ में नहीं आया?

सूफ़ी

मैं जा रहा हूँ। मैं निकल रहा हूँ...

ब्रह्मात्मे

मैं ये पिस्तौल तुम्हें यहाँ से भेजने के लिए नहीं निकाल रहा...

सूफ़ी

मैं हर उस चीज़ की क़सम खाकर कहता हूँ जिससे मैं प्यार करता हूँ कि यहाँ से सीधे इटावा चला जाऊँगा और फिर मुड़कर पीछे नहीं देखूँगा...

ब्रह्मात्मे

तुमने मुझे एक और नया नॉवेल लिखने का आइडिया दे दिया और इसलिए तुम्हें यहीं अभी इसी वक़्त मरना पड़ेगा...क्योंकि माफ़ करना, मैं वही लिख सकता हूँ जिसे मैंने भोगा होता है... ! तुम देख चुके हो कि मेरी अपनी कल्पना-शक्ति कुछ है नहीं... । मैं वही लिख पाता हूँ जो कि मेरा अनुभव है। मैं तुम्हें वर्ल्ड लिटरेचर का हिस्सा बना दूँगा गड़गड़ सूफ़ी... । करोड़ों तुम्हें देखेंगे यहाँ खड़े हुए...डर से कँपकँपाते...आँखें और मुँह खुला हुआ...जिसके अन्दर ख़ौफ़ के कीड़े बिलबिला रहे हैं, होंठों के किनारों से थूक छिटक रहा है। तुम... एक-दो कौड़ी का अकाउंटेंट...जो रात के सुहाने सपने को तोड़ कर अचानक जागता है और पाता है कि सच कितना ख़तरनाक था...

सूफ़ी

अरे बचाओ...

(चिल्लाता है)

ब्रह्मात्मे

देखा? कोई बचाने आया? वो बॉलीवुड स्टार या वो थाईलैंड का एम्बेसडर या वो आर्कबिशप, जिसकी ज़िन्दगी सच का हवाला देते हुए गुज़र गई... ?

सूफ़ी

तू...तू राक्षस है साले।

ब्रह्मात्मे

मैं सिर्फ़ आर्टिस्ट हूँ और मैं ये जानता हूँ पिछली सेंचुरी का सबसे बड़ा आर्ट फार्म था 'आर्ट फॉर द सेक ऑफ आर्ट।' और इस सेंचुरी का सबसे बड़ा आर्ट फार्म है 'ब्लॉकबस्टर' यानी कि 'बेस्टसैलर'। तुम्हारी मौत हर जगह बयान की जाएगी सूफ़ी और इससे एक अलग ही क़िस्म के इन्क़लाब की पैदाइश होगी। पैसे का इन्क़लाब, डॉलर का इन्क़लाब, करेंसी का इन्क़लाब। तुम्हें लगता है कि मुझे मज़ा आ रहा है ये सब करने में ? मेरा भगवान जानता है कि तुम्हारे साथ मैं बार पे बैठ के ड्रिंक करना पसन्द करता और उसके बाद बीच पे चहल-कदमी करना पसन्द करता...बजाय इसके कि सारी रात बैठ के तुम्हारी मौत का ख़ूनी वृत्तांत लिखूँ...

सूफ़ी

मुझे माफ़ कर दो मेरे मालिक...

ब्रह्मात्मे

ब्रह्मात्मे है मेरा नाम...

सूफ़ी

ब्रह्मात्मे साहब...

ब्रह्मात्मे

आर्ट नाम के पेशे में माफ़ी की कोई गुंजाइश नहीं होती गड़गड़ सूफ़ी साहब...

(वो पीछे हटता जा रहा है धीरे-धीरे। ब्रह्मात्मे पिस्तौल लेके आगे बढ़ रहा है। पीछे बालकनी है। वो बालकॅनी पे रुकता है।)

सूफ़ी

मुझे कोई बचाओ...

ब्रह्मात्मे

तुम हो... केस नम्बर तेईस...

सूफ़ी

नहीं...बाईस...

(और बालकनी से नीचे गिरता है। एक ज़ोर की आवाज़...। और उसके बाद सन्नाटा...।)

ब्रह्मात्मे

इडियट...*(आवाज़ लगाता है)* जमील...

(जमील आता है)

सेक्रेटरी

क्या हुआ सर? कोई आवाज़ थी... ?

ब्रह्मात्मे

आगंतुक अचानक बालकनी से कूद गया। वो शुरू से ही कुछ अजीब-सी हरकतें कर रहा था। पता नहीं क्यों...

(मैनेजर प्रवेश करता है)

मैनेजर

आई एम सॉरी सर। आई एम द मैनेजर ऑफ द होटल। मैं बेहद मुआफ़ी चाहता हूँ। आपको इतनी तक़लीफ़ उठानी पड़ी। वो आदमी नीचे गुलाब की झाड़ियों में कुचले हुए सर के साथ पड़ा हुआ है। दरबान बहुत देर से उसे देख रहा था। वो नीचे यहाँ से वहाँ पागलों समान घूम रहा था। भगवान का शुक्र है कि उसके गिरने से किसी को चोट नहीं पहुँची।

ब्रह्मात्मे

ज़रा देखिएगा कि अब कोई मुझे डिस्टर्ब नहीं करे।

मैनेजर

अरे! इट्स माई ड्यूटी मि. ब्रह्मात्मे....एनिथिंग एल्स सर?

ब्रह्मात्मे

दैट्स ऑल।

(मैनेजर वापस चला जाता है।)

चलो काम शुरू करते हैं। लेकिन पहले मुझे एक सिगार की ज़रूरत है...

सेक्रेटरी

(आगे बढ़ता है)

लाइट सर?

ब्रह्मात्मे

ज़रूर...और साथ ही उस टेबल पे रखे काग़ज़ को भी जला दो...।

सेक्रेटरी

इसमें कुछ नाम लिखे हैं सर। ज़रूरी तो नहीं हैं?

ब्रह्मात्मे

सिर्फ़ नाम हैं। और नाम ज़रूरी नहीं होते...। इधर लाओ...ऐसे...*(जलाता है)* थैंक यू। हमें ज़रा जल्दी

करनी पड़ेगी जमील। हमें कल सुबह ये जगह छोड़ देनी है। इसका पर्पज़ पूरा हो गया है। हम यहाँ से सीधे ऊटी जाएँगे...

ब्रह्मात्मे

मुम्बई से पहाड़ों पे जाना हमारी सेहत में कुछ इज़ाफ़ा ही करेगा। तैयार हो... ?

सेक्रेटरी

यस सर...

ब्रह्मात्मे

एक और व्हिस्की...

सेक्रेटरी

हाज़िर है सर...

ब्रह्मात्मे

चलो...शुरू करते हैं...तो मेरे दोस्तो...
'मैं इस पल...इस लम्हे...इस वक़्त...अपना बेइंतिहाई फ़र्ज़ समझता हूँ कि आपको इस अजीबोग़रीब... ख़तरनाक...ख़ूबसूरत...लेकिन फिर भी सच्ची कहानी

की मंचसज्जा यानी सैटिंग के बारे में तफ़सील से बतला दूँ। हक़ीक़त में सच्ची कहानियाँ सुनाने में ख़तरा होता है ख़ासा...। कौन जानता है...कब...कोई पुलिस का आदमी या कोई क़ानून का जानकार दर्शक दीर्घा में बैठा हो...। भले ही वो अपनी ऑफिशिअॅल कैपेसिटी में नहीं हो लेकिन फिर भी...। बहरहाल मैं अपने आपको ये ख़तरा उठाने का मौक़ा आसानी से दे सकता हूँ...क्योंकि मुझे यक़ीन है कि वो मेरी इस कहानी पे भरोसा करेंगे नहीं...। अपनी ऑफिशिअॅल कैपेसिटी में तो...हरगिज़ नहीं। बाक़ी अनऑफिशिअॅली... सब लोग...जिनमें डिस्ट्रिक्ट अटॉर्नी...या कमिश्नर या पुलिस के बड़े-से-बड़े अधिकारी भी...इस वक़्त यहाँ हैं या नहीं भी हैं...इस बात को अच्छी तरह से जानते हैं कि मैं सिर्फ़ और सिर्फ़ सच्ची कहानियाँ ही सुनाता हूँ। तो इस वक़्त मैं आपकी ज़रा-सी तवज्जोह चाहूँगा। कृपया अपने आपको मुम्बई के बांद्रा नाम के इलाक़े में मौजूद ताज लैंड्स इन होटल के प्रेजिडेंसियल सुईट के ड्राइंग रूम में महसूस करने की कोशिश कीजिए...। बहुत ही ख़ूबसूरत इलाके का बहुत ही ख़ूबसूरत पाँच सितारा होटल। एक तरफ़ समन्दर की थरथराती लहरें...तो दूसरी तरफ़ आसमान को छू रही लम्बी ऊँची अट्टालिकाएँ। यहाँ का किराया...एक आम आदमी की सोच से भी बाहर है। ख़ूबसूरत... बेशक़ीमती...मॉडर्न फर्निशिंग...जैसे यहाँ एक रात बिताना भी एक ख़्वाब हो...। मैं कुछ समझा पाया...? अब मेरे बाईं तरफ़ को ही लें। यहाँ आप देखेंगे पच्चीसियों

महँगी टेबल्स को...जिन्हें बे-तरतीबी से एक कोने में धकेल दिया गया है। तो ये है एक महान लेखक की महान स्टडी, ठीक... ? तो थोड़ा नज़दीक आइए... ?''

(जब चाहें 'फेड आउट' कर सकते हैं।)

समाप्त!

✪✪✪